Impressum
Verlag: BABADADA GmbH, Nedderfeld 112 , 22529 Hamburg
Geschäftsführer / Verlagsleitung: Harald Hof
Druck: Books on Demand GmbH, In de Tarpen 42, 22848 Norderstedt

Imprint
Publisher: BABADADA GmbH, Nedderfeld 112 , 22529 Hamburg, Germany
Managing Director / Publishing direction: Harald Hof
Print: Books on Demand GmbH, In de Tarpen 42, 22848 Norderstedt

اسکول

school

کمرہ جماعت
classroom
تقسیم کریں
divide
186/2
بورڈ
board
سکول کا صحن
اُستاد
teacher
کاغذ
paper
لکھنا
write
قلم
pen
میز
desk
پیمانہ
ruler
کتاب
book
شاگرد
pupil

بستہ
satchel

پینسل کیس
pencil case

پینسل
pencil

پینسل شارپنر
pencil sharpener

ربڑ
rubber

ڈرائنگ پیڈ
drawing pad

ڈرائنگ

drawing

پینٹ برش

paintbrush

پینٹ باکس

paint box

قینچی

scissors

گوند

glue

مشق کی کاپی

exercise book

ہوم ورک

homework

ہندسہ

number

جمع کریں

add

منفی کریں

subtract

ضرب دیں

multiply

شمارکریں

calculate

خط

letter

حروف تہجی

alphabet

لفظ

word

متن

text

پڑھنا

read

چاک

chalk

سبق

lesson

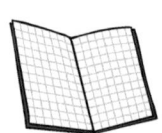

اندراج

register

امتحان

examination

سند

certificate

سکول یونیفارم

school uniform

تعلیم

education

انسائیکلوپیڈیا

encyclopedia

یونیورسٹی

university

خورد بین

microscope

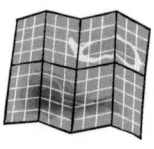

نقشہ

map

ویسٹ پیپر باسکٹ

waste-paper basket

travel

Grand
ہوٹل
hotel
ہاسٹل
hostel
ROOMS
رقم تبدیل کرانےکیلئےدفتر
currency exchange office
سوٹ کیس
suitcase
کار
car

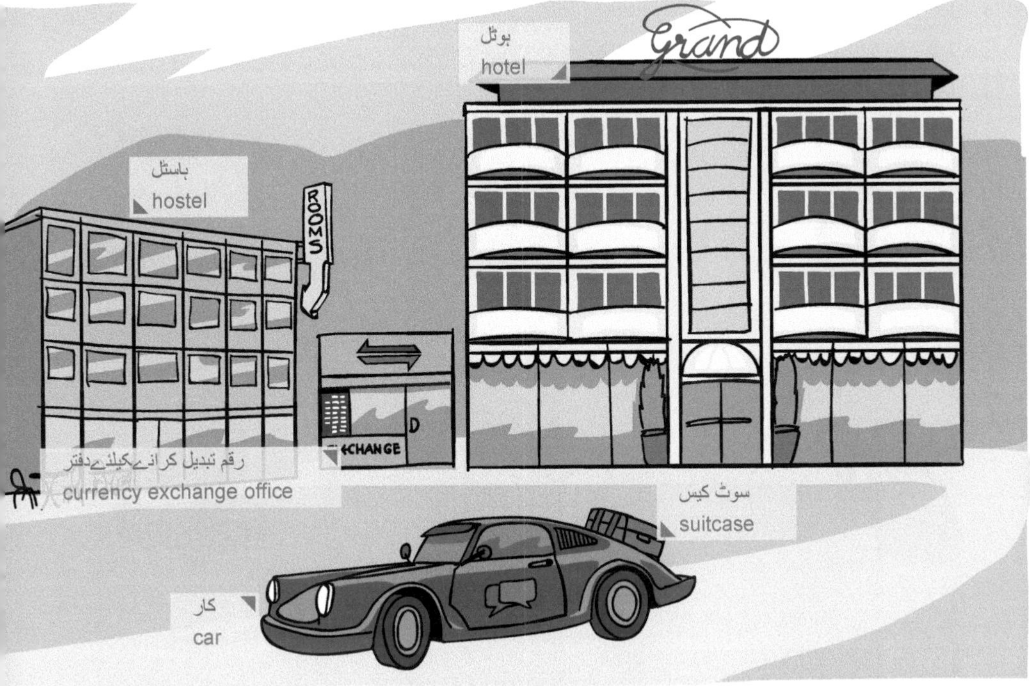

زبان

language

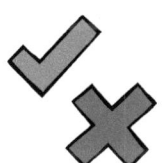

ہاں / نہیں

yes / no

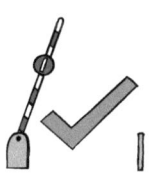

ٹھیک ہے

Okay

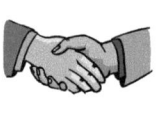

ہیلو

hello

مُترجم

translator

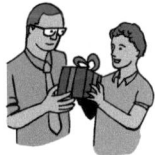

شُکریہ

Thank you

؟ـ کی کیا قیمت ہے؟

how much is…?

میں نہیں سمجھتا

I don´t get it

مشکل

problem

شام بخیر!

Good evening!

صبح بخیر!

Good morning!

شب بخیر!

Good night!

الوداع

goodbye

سمت

direction

سفری سامان

luggage

بیگ

bag

بیگ پیک

backpack

مہمان

guest

کمرہ

room

سلیپنگ بیگ

sleeping bag

ٹینٹ

tent

سیاحوں کے لئے معلومات

tourist information

ساحل

beach

کریڈٹ کارڈ

credit card

ناشتہ

breakfast

لنچ

lunch

ڈنر

dinner

ٹکٹ

Ticket

لفٹ

elevator

مُہر

stamp

سرحد

border

کسٹمز

customs

سفارت خانہ

embassy

ویزا

visa

پاسپورٹ

passport

نقل وحمل
transport

ہوائی جہاز
airplane
سمندری جہاز
ship
آگ بُجھانےوالی گاڑی
fire truck
بس
bus
ٹرک
truck
موٹربوٹ
motorboat
سائیکل
bike
کار
car

فیری
ferry

کشتی
boat

موٹرسائیکل
motorbike

پولیس کار
police car

ریسنگ کار
racing car

کرایہ پرکار
rental car

کار کا اشتراک کرنا

car sharing

کھینچنے والا ٹرک

tow truck

کوڑے والا ٹرک

garbage truck

کار

engine

ایندھن

fuel

پٹرول اسٹیشن

fuel station

ٹریفک کے نشانات

traffic sign

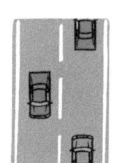

ٹریفک

traffic

ٹریفک جام

traffic jam

کار پارک

parking lot

ٹرین اسٹیشن

train station

پٹڑیاں

tracks

ٹرین

train

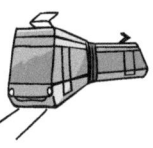

ٹرام

tram

ویگن

wagon

ہیلی کاپٹر

helicopter

ائرپورٹ

airport

ٹاور

tower

مسافر

passenger

کنٹینر

container

ڈبہ

carton

ریڑھا

cart

ٹوکری

basket

اُڑان بھرنا / زمین پراُترنا

take off / land

شہر

city

گاؤں

village

سٹی سنٹر

city center

مکان

house

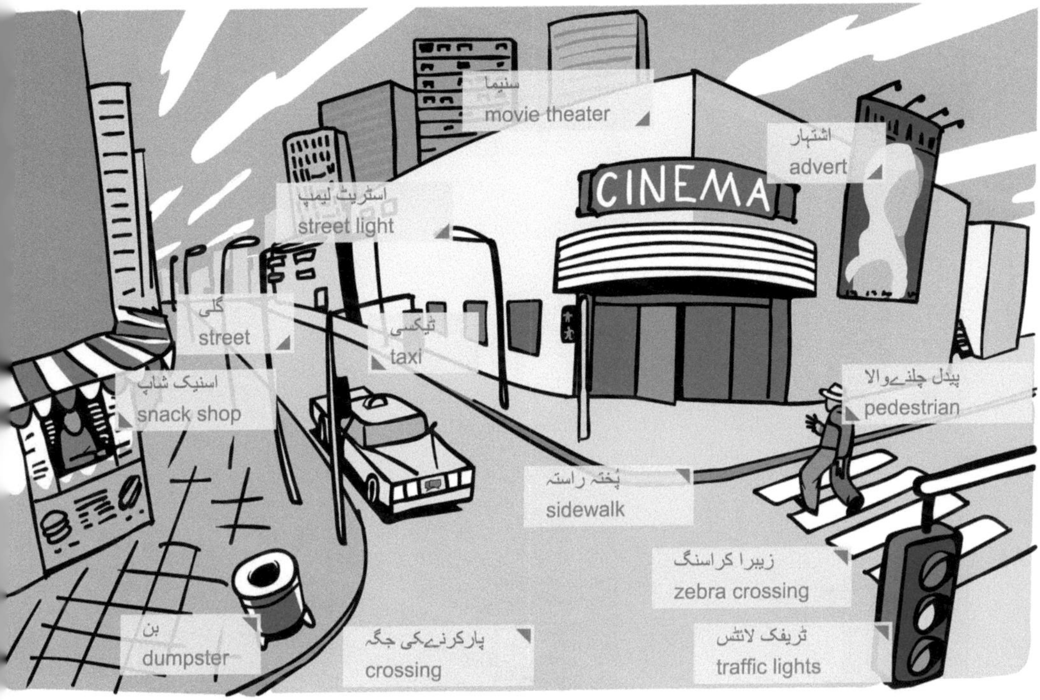

سینما
movie theater

اشتہار
advert

استریٹ لیمپ
street light

CINEMA

گلی
street

ٹیکسی
taxi

اسنیک شاپ
snack shop

پیدل چلنے والا
pedestrian

پُختہ راستہ
sidewalk

زیبرا کراسنگ
zebra crossing

بِن
dumpster

پارکرنے کی جگہ
crossing

ٹریفک لائٹس
traffic lights

ہٹ
....
hut

فلیٹ
....
apartment

ٹرین اسٹیشن
....
train station

ٹاؤن ہال
....
city hall

عجائب گھر
....
museum

اسکول
....
school

یونیورسٹی

university

بینک

bank

ہسپتال

hospital

ہوٹل

hotel

فارمیسی

pharmacy

دفتر

office

کتابوں کی دکان

book shop

دکان

shop

پھولوں کی دُکان

flower shop

سُپرمارکیٹ

supermarket

مارکیٹ

market

ڈیپارٹمنٹ سٹور

department store

مچھلی کی دُکان

fishmonger's shop

شاپنگ سنٹر

mall

بندرگاہ

harbor

پارک

park

بنچ

bench

پُل

bridge

سیڑھیاں

stairs

انڈرگراؤنڈ

subway

سرُنگ

tunnel

بس اسٹاپ

bus stop

شراب خانہ

bar

ریسٹورنٹ

restaurant

پوسٹ باکس

postbox

اسٹریٹ سائن

street sign

پارکنگ میٹر

parking meter

چڑیا گھر

zoo

سوئمنگ پول

swimming pool

مسجد

mosque

کھیت

farm

آلودگی

pollution

قبرستان

cemetery

چرچ

church

کھیل کا میدان

playground

مندر

temple

منظر

landscape

پتہ
leaf
رہنمائی کے لئے لگا ہوا بورڈ
signpost
راستہ
path
سبزہ زار
meadow
پتھر
stone
پیدل چلنے والا، ہائکر
hiker
درخت
tree
دریا
river
گھاس
grass
پھول
flower

وادی

valley

پہاڑی

hill

جھیل

lake

جنگل

forest

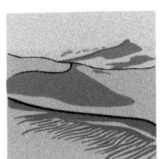

صحرا

desert

آتش فشاں

volcano

قلعہ

castle

قوس قزح

rainbow

کُھمبی

mushroom

کجھورکا درخت

palm tree

مچھر

mosquito

مکھی

fly

چیونٹی

ant

مکھی

bee

مکڑا

spider

بھونرا
....
beetle

مینڈک
....
frog

گلہری
....
squirrel

خارپُشت
....
hedgehog

خرگوش
....
hare

اُلو
....
owl

پرندہ
....
bird

راج ہنس
....
swan

سؤر
....
boar

ہرن
....
deer

امریکی بارہ سنگھا
....
moose

ڈیم
....
dam

ہوا سے چلنے والی ٹربائین
....
wind turbine

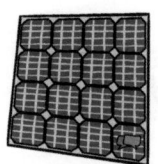

سولرپینل
....
solar panel

آب وہوا
....
climate

restaurant

ویٹر
waiter
مینیو
menu
chair
سوپ
soup
پیزا
pizza
کٹلری
cutlery
ٹیبل کلاتھ
tablecloth

اسٹارٹر
....
starter

مین کورس
....
main course

ڈیزرٹ
....
dessert

مشروبات
....
drinks

کھانے کی اشیاء
....
food

بوتل
....
bottle

فاسٹ فوڈ

fast food

اسٹریٹ فوڈ

street food

چائےدانی

teapot

شوگرباکس

sugar bowl

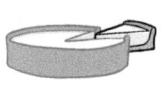

حصہ

portion

ایسپریسو مشین

espresso machine

اونچی کُرسی

high chair

بل

bill

ٹرے

tray

چھُری

knife

کانٹا

fork

چمچ

spoon

چائےکا چمچ

teaspoon

سرویئیٹی

serviette

شیشہ

glass

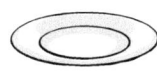

پلیٹ

plate

سوپ پلیٹ

soup plate

طشتری

saucer

چٹنی

sauce

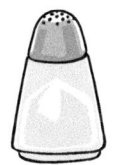

سالٹ شیکر

salt shaker

پیپرمل

pepper mill

سرکہ

vinegar

خوردنی تیل

oil

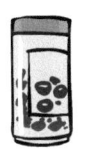

مصالحے

spices

کیچپ

ketchup

سرسوں

mustard

میئونیز

mayonnaise

سُپرمارکیٹ

supermarket

خصوصی پیشکش
special offer
گاہک
customer
ڈیری
dairy products
پھل
fruit
ٹرالی
shopping cart

گوشت کی دُکان

butcher's shop

بیکری

bakery

وزن کرنا

weigh

سبزیاں

vegetables

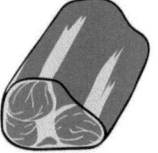

گوشت

meat

جما ہوا کھانا

frozen food

کولڈ کٹس

cold cuts

ڈبے میں بند کھانا

canned food

واشنگ پاؤڈر

detergent

مٹھائیاں

candy

گھریلو مصنوعات

household products

صاف کرنے کیلئے مصنوعات

cleaning products

سیلزپرسن

sales representative

کیش رجسٹر

cash register

کیشئیر

cashier

خریداری کی فہرست

shopping list

اوقات کار

opening hours

بٹوہ

wallet

کریڈٹ کارڈ

credit card

تھیلا

bag

پلاسٹک کے تھیلے

plastic bag

مشروبات

drinks

پانی

water

جوس، رس

juice

دودھ

milk

کوک

coke

وائن

wine

بیئر

beer

الکوحل

alcohol

کوکوآ

cocoa

چائے

tea

کافی

coffee

ایسپریسو

espresso

کپاچینو

cappuccino

کھانے کی اشیاء

food

کیلا

banana

سیب

apple

مالٹا

orange

خربوزہ

melon

لیموں

lemon

گاجر

carrot

لہسن

garlic

بانس

bamboo

پیاز

onion

کھُمبی

mushroom

اخروٹ، بادام وغیرہ

nuts

نوڈلز

noodles

اسپیگیٹی

spaghetti

چاول

rice

سلاد

salad

چپس

fries

تلے گئے آلو

fried potatoes

پیزا

pizza

ہیم برگر

hamburger

سینڈوچ

sandwich

کٹلیٹ

escalope

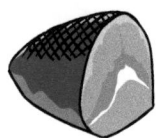

سؤرکی ران کا گوشت

ham

گوشت کی اطالوی ساسیج

salami

ساسیج

sausage

مُرغی

chicken

روسٹ

roast

مچھلی

fish

جئی کا دلیہ

porridge oats

میوزلی

muesli

کارن فلیکس

cornflakes

آٹا

flour

کروئیسنٹ

croissant

بریڈ رول

bread roll

بریڈ

bread

ٹوسٹ

toast

بسکٹ

cookies

مکھن

butter

دہی

curd

کیک

cake

انڈا

egg

فرائی کیا گیا انڈہ

fried egg

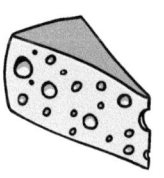

پنیر

cheese

آئس کریم

ice cream

چینی

sugar

شہد

honey

جام

jelly

ناؤگٹ کریم

nougat cream

سالن

curry

کھیت

farm

فارم ہاؤس
تنکوں کی گانٹھ
straw bale
کھلیان
barn
کھیت
field
گھوڑا
horse
ٹریلر
trailer
ٹریکٹر
tractor
گھوڑے کا بچہ
foal
گدھا
donkey
بھیڑ
sheep
میمنہ
lamb

بکری

goat

گائے

cow

بچھڑا

calf

سؤر

pig

سؤر کا بچہ

piglet

سانڈ

bull

کھیت - farm

راج ہنس

goose

بطخ

duck

چوزہ

chick

مُرغی

hen

مُرغا

cockerel

چوہا

rat

بلی

cat

چوہا

mouse

بیلچہ

ox

کُتا

dog

کُتے کا گھر

dog house

گارڈن ہاؤس

garden hose

پانی کا کین

watering can

درانتی

scythe

ہل

plow

درانتی
....
sickle

بیلچہ
....
hoe

ترنگل
....
pitchfork

کلہاڑا
....
axe

ہتھ گاڑی
....
pushcart

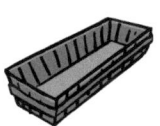

حوض
....
trough

دودھ کا کین
....
milk can

تھیلا
....
sack

باڑ
....
fence

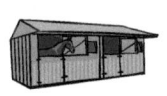

اصطبل
....
stable

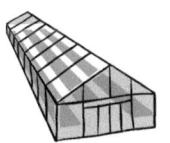

گرین ہاؤس
....
greenhouse

مٹی
....
soil

بیج
....
seed

فرٹیلائیزر
....
fertilizer

کمبائن ہارویسٹر
....
combine harvester

فصل کاٹنا

harvest

فصل کاٹنا

harvest

افریقی آلو

yams

گندم

wheat

سویا

soya

آلو

potato

مکئی

corn

توریا کا تیل

rapeseed

پھلداردرخت

fruit tree

کساوا

manioc

دلیہ

grain

house

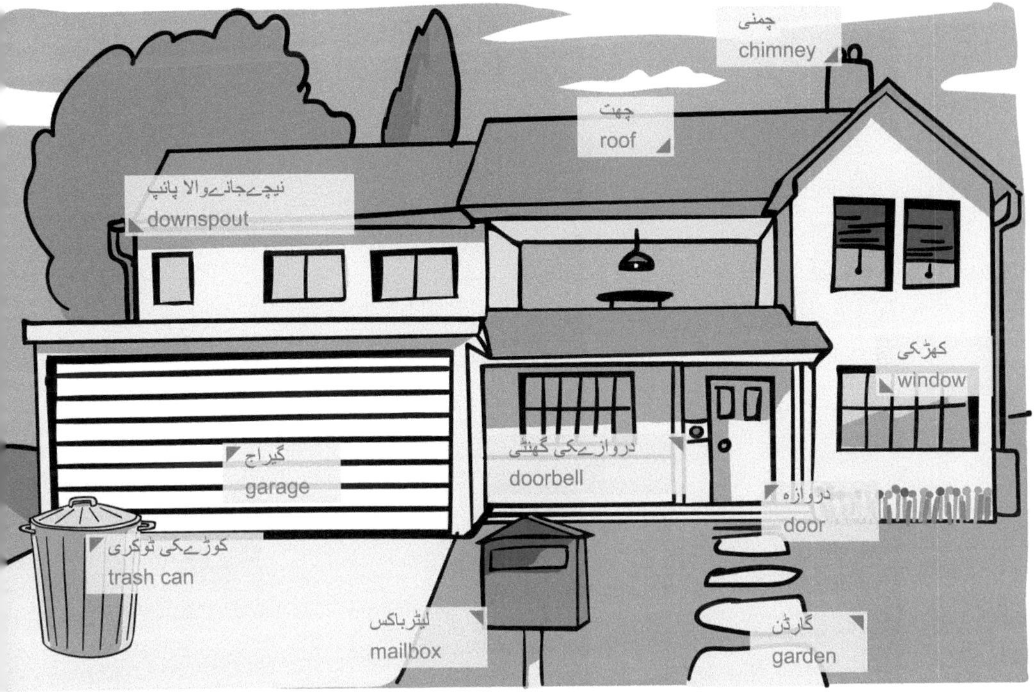

چمنی
chimney
چھت
roof
نیچے جانے والا پائپ
downspout
کھڑکی
window
دروازے کی گھنٹی
doorbell
گیراج
garage
دروازہ
door
کوڑے کی ٹوکری
trash can
لیٹر باکس
mailbox
گارڈن
garden

لوونگ روم

living room

غُسل خانہ

bathroom

باورچی خانہ

kitchen

بیڈروم

bedroom

بچوں کا کمرہ

kids room

کھانے کا کمرہ

dining room

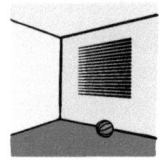

فرش

floor

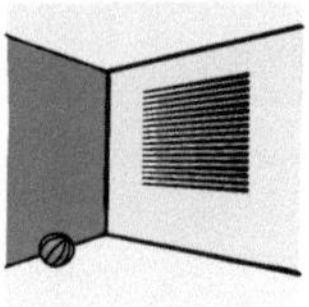

دیوار

wall

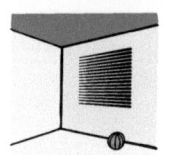

چھت

ceiling

تہ خانہ

cellar

سوانا

sauna

بالکونی

balcony

ٹیریس

terrace

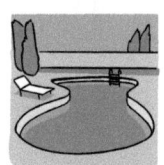

پول

pool

گھاس کاٹنے کی مشین

lawn mower

چادر

sheet

چادر

bedspread

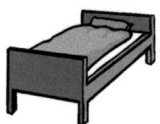

بستر

bed

جھاڑو

broom

بالٹی

bucket

سوئچ

switch

لوونگ روم

living room

وال پیپر
wallpaper
تصویر
picture
لیمپ
lamp
شیلف
shelf
الماری
cabinet
ٹیلی ویژن
television
آتش دان
fireplace
پھول
flower
cushion
صوفہ
sofa
گلدان
vase
ریموٹ کنٹرول
remote control

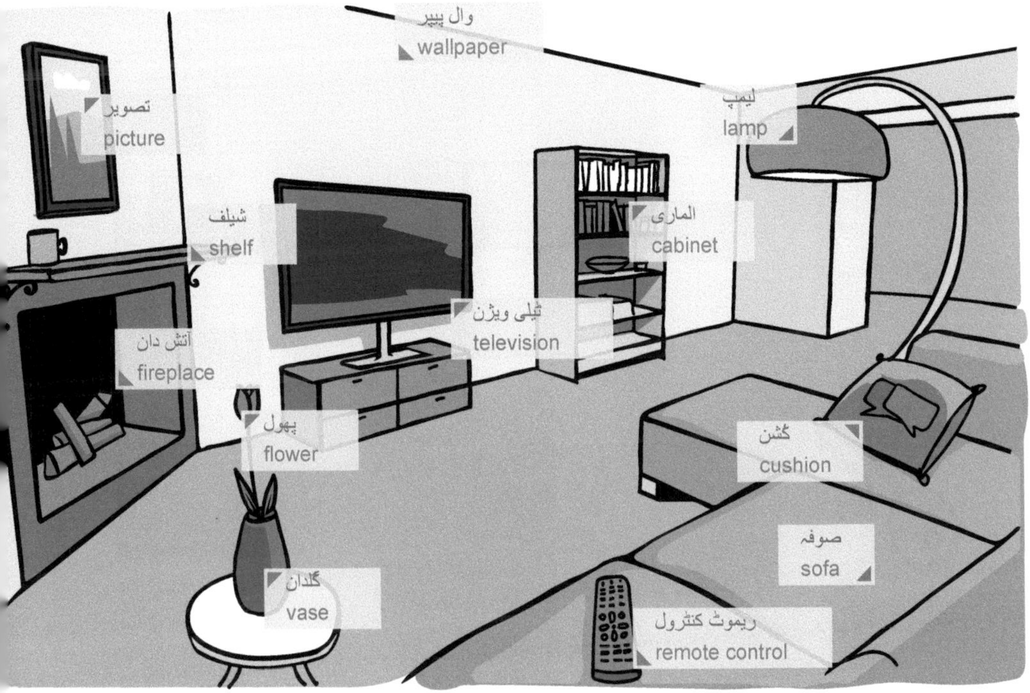

قالین

carpet

پردے

drape

میز

table

کُرسی

chair

ہلنےوالی کُرسی

rocking chair

آرام کُرسی

armchair

کتاب

book

کمبل

blanket

آرائش

decoration

جلانے کی لکڑی

firewood

فلم

film

ہائی فائی

stereo system

چابی

key

اخبار

newspaper

پینٹنگ

painting

پوسٹر

poster

ریڈیو

radio

نوٹ بُک

notebook

ویکیوم کلینر

vacuum cleaner

کیکٹس

cactus

موم بتی

candle

باورچی خانہ
kitchen

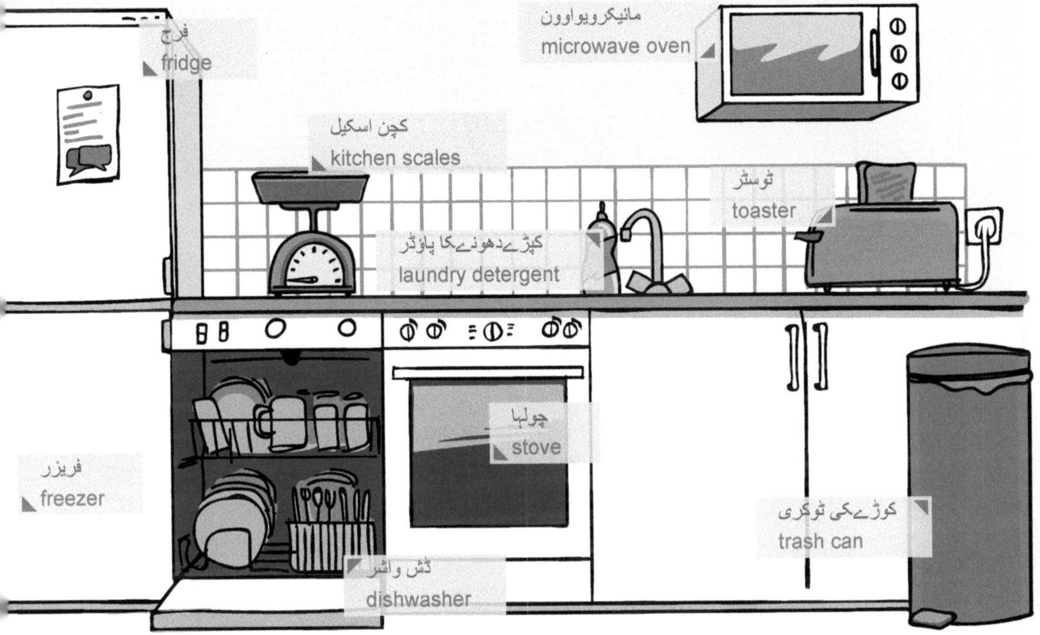

فرج
fridge
مائیکروویواوون
microwave oven
کچن اسکیل
kitchen scales
ٹوسٹر
toaster
کپڑے دھونے کا پاؤڈر
laundry detergent
چولہا
stove
فریزر
freezer
کوڑے کی ٹوکری
trash can
ڈش واشر
dishwasher

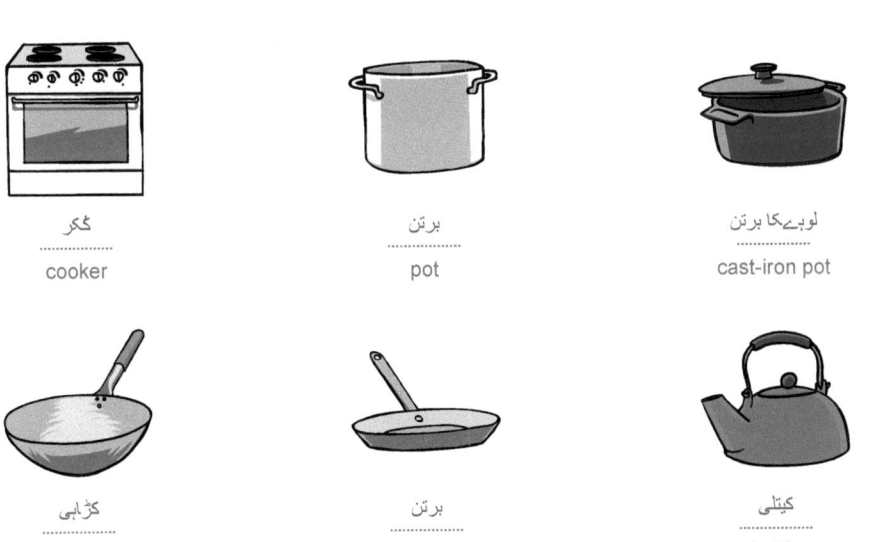

ککر
cooker

برتن
pot

لوہے کا برتن
cast-iron pot

کڑاہی
wok / kadai

برتن
pan

کیتلی
kettle

استیمر

steamer

بیکنگ ٹرے

baking tray

کراکری

crockery

مگ

mug

پیالہ

bowl

چاپ اسٹکس

chopsticks

ڈوئی

ladle

کفچہ

spatula

جھاڑودینا

whisk

مقطر

strainer

چھلنی

sieve

گریٹر

grater

کونڈی

mortar

باربی کیو

barbecue

کھُلی آگ

fireplace

چاپنگ بورڈ

chopping board

بیلن

rolling pin

کارک اسکریو

corkscrew

کین

can

کین اوپنر

can opener

برتن پکڑنےوالا کپڑا

oven cloth

سنک

sink

برش

brush

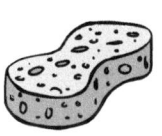

اسپونج

sponge

بلینڈر

blender

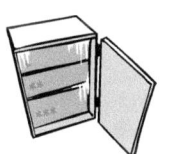

ڈیپ فریز

deep freezer

بچے کی بوتل

baby bottle

ٹونٹی

tap

غُسل خانہ

bathroom

شاور
shower
heating
تولیہ
towel
شاورکرٹن
shower curtain
ببل باتھ
bubble bath
باتھ ٹب
bathtub
شیشہ
glass
واشنگ مشین
washing machine
ٹونٹی
tap
ٹائلیں
tiles
پاٹی
potty
سنک
sink

ٹائلٹ

toilet

دوزانوں بیٹھنےوالی ٹائلٹ

squat toilet

نچلاحصہ دھونےکیلئےپاٹ

bidet

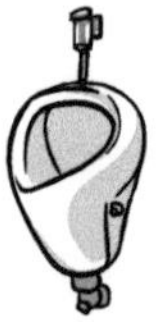

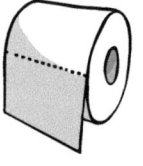

پیشاب گاہ

urinal

ٹائلٹ پیپر

toilet paper

ٹائلٹ برش

toilet brush

ٹوتھ برش

toothbrush

ٹوتھ پیسٹ

toothpaste

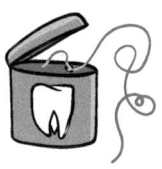

ڈینٹل فلاس

dental floss

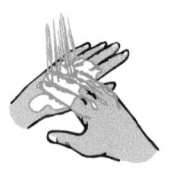

دھونا

wash

ہینڈ شاور

hand shower

شاور

douche

بیسن

basin

بیک برش

back brush

صابن

soap

شاورجل

shower gel

شیمپو

shampoo

فلالین

flannel

ڈرین

drain

کریم

creme

ڈیوڈورنٹ

deodorant

آئینہ

mirror

ہاتھ میں پکڑا جانے والا آئینہ

hand mirror

ریزر

razor

شیونگ فوم

shaving foam

آفٹر شیو

aftershave

کنگھی

comb

برش

brush

ہیئر ڈرائر

hair-dryer

ہیئر اسپرے

hairspray

میک اپ

makeup

لپ اسٹک

lipstick

نیل وارنش

nail varnish

روئی

cotton wool

ناخن کاٹنے کی قینچی

nail scissors

پرفیوم

perfume

واش بیگ
washbag

پاخانہ
stool

وزن کرنےکی مشین
weighing scales

باتھ روب
bathrobe

ربڑ کے دستانے
rubber gloves

ٹیمپون
tampon

سینیٹری ٹاول
sanitary towel

کیمیکل ٹائلٹ
chemical toilet

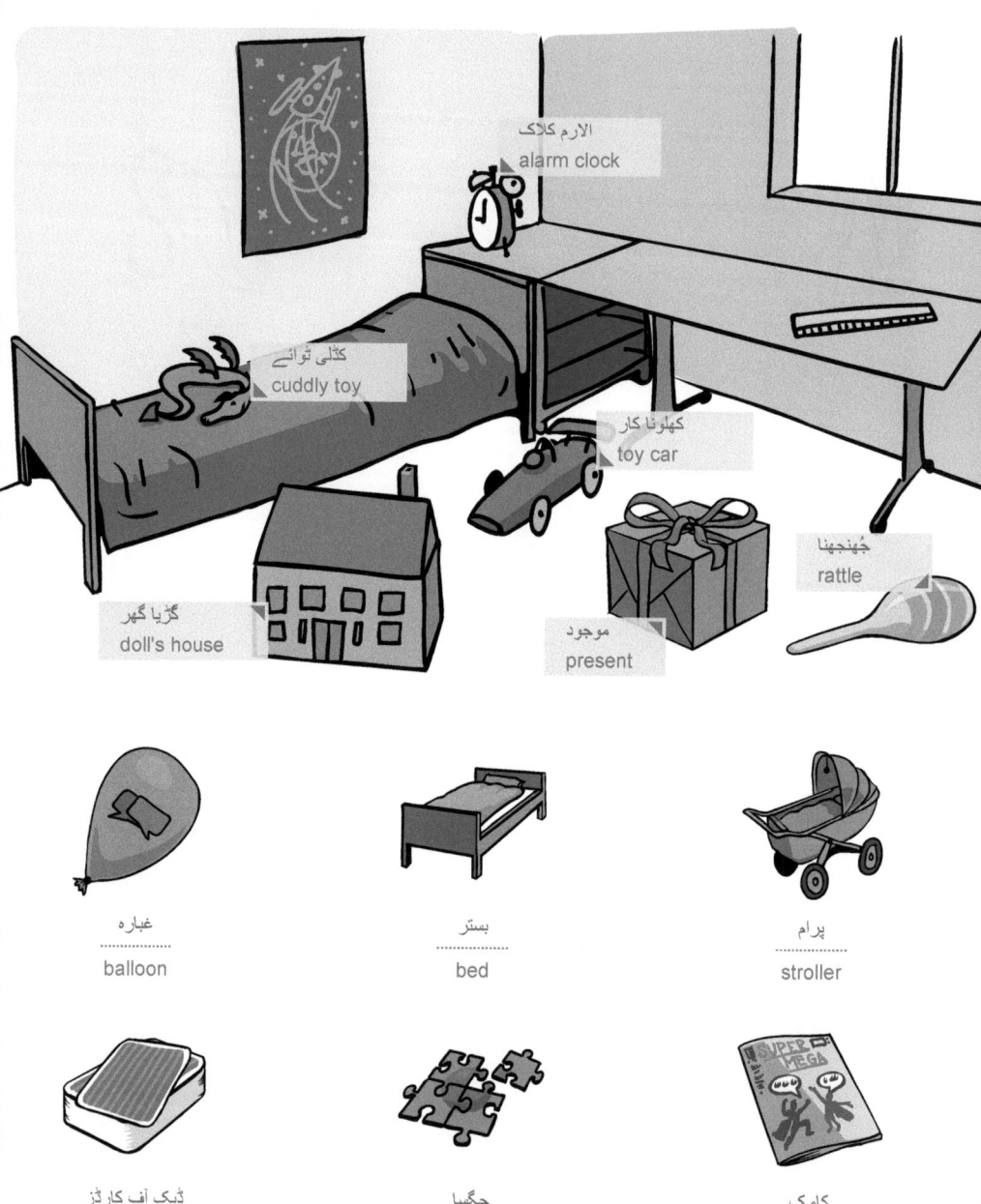

بچوں کا کمرہ

kids room

غبارہ

balloon

بستر

bed

پرام

stroller

ڈیک آف کارڈز

deck of cards

جگسا

jigsaw

کامک

comic

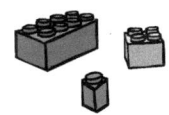

لیگوبرکس

lego bricks

کھلونا بلاکس

toy blocks

ایکشن فگر

action figure

بچے کا لباس

romper suit

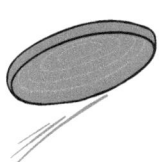

فرسبی

frisbee

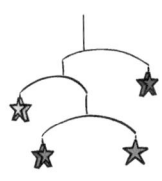

کھلونا موبائل

mobile

بورڈ گیم

board game

ڈائس

dice

ماڈل ٹرین سیٹ

model train set

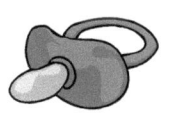

ڈمی

pacifier

پارٹی

party

تصاویر والی کتاب

picture book

گیند

ball

گڑیا

doll

کھیلنا

play

سینڈ پٹ

sandpit

جھولا جھولنا

swing

کھلونے

toys

وڈیوگیم کنسول

video game console

تین پہیوں والی سائیکل

tricycle

ٹیڈی بیئر

teddy bear

کپڑوں کی الماری

wardrobe

لباس

clothing

موزے

socks

اسٹاکنگز

stockings

ٹائٹس

tights

اسکارف
scarf

چھتری
umbrella

ٹی شرٹ
t-shirt

بیلٹ
belt

بوٹ
boots

اسنیکرز
sneakers

سلیپر
slippers

سینڈل

sandals

جوتے

shoes

ربڑکےبوٹس

rubber boots

زیرجامہ

underwear

بریزئیر

bra

واسکٹ

undershirt

جسم

body

پتلون

pants

جینز

jeans

اسکرٹ

skirt

بلاؤز

blouse

قمیض

shirt

پُل اوور

pullover

سویٹر

sweater

بلیزر

blazer

جیکٹ

jacket

کوٹ

coat

رین کوٹ

raincoat

کوئی خاص لباس

costume

لباس

dress

شادی کا لباس

wedding dress

سوٹ

suit

نائٹ گاؤن

nightgown

پائجامہ

pajamas

ساڑھی

sari

سرپرلیا جانےوالا اسکارف

headscarf

پگڑی

turban

بُرقع

burka

کفتان

kaftan

عبایہ

abaya

تیراکی کا سوٹ

swimsuit

ٹرنک

trunks

نیکر

shorts

ٹریک سوٹ

tracksuit

اپرن

apron

دستانے

gloves

بٹن

button

عینک

glasses

کنگن

bracelet

ہار

necklace

انگوٹھی

ring

کانوں کی بالیاں

earring

ٹوپی

cap

کوٹ ہینگر

coat hanger

ہیٹ

hat

ٹائی

tie

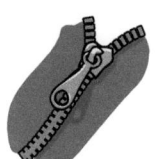

زپ

zip

ہیلمٹ

helmet

بریسز

braces

سکول یونیفارم

school uniform

وردی

uniform

ﺑﺐ

bib

ڈمی

pacifier

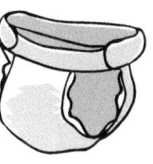

نیپی

diaper

دفتر

office

سرور
server
فائلوں کی الماری
filing cabinet
پرنٹر
printer
مانیٹر
monitor
کاغذ
paper
ماؤس
mouse
میز
desk
فولڈر
folder
کی بورڈ
keyboard
گرسی
chair
ویسٹ پیپرباسکٹ
waste-paper basket
کمپیوٹر
computer

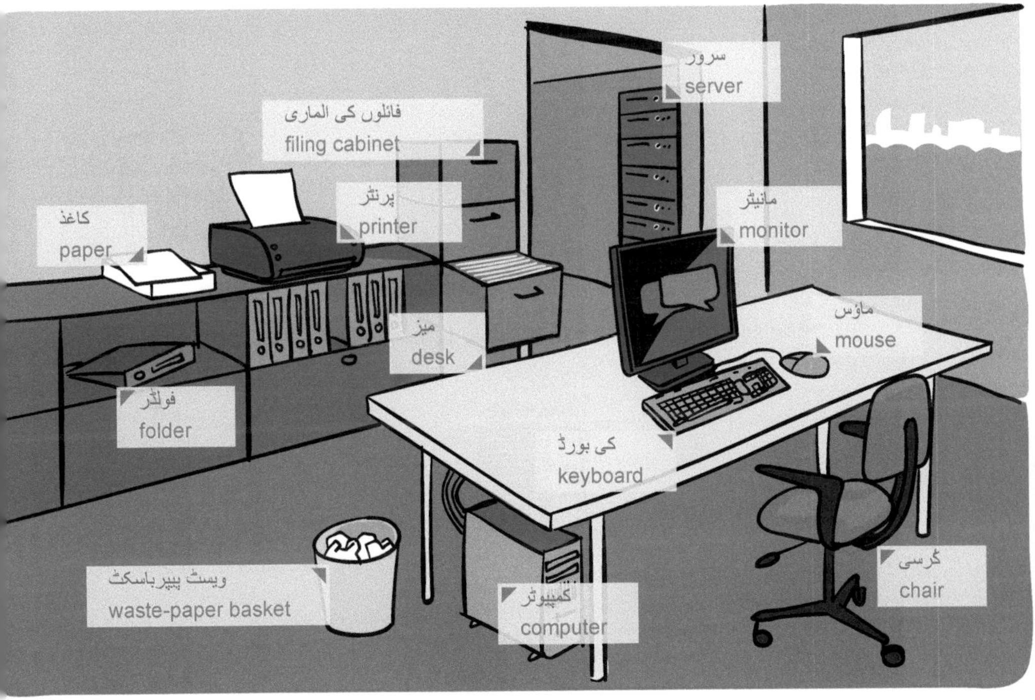

کافی مگ

coffee mug

کیلکولیٹر

calculator

انٹرنیٹ

internet

لیپ ٹاپ

laptop

خط

letter

پیغام

message

موبائل

cell phone

نیٹ ورک

network

فوٹوکاپیئر

photocopier

سافٹ ویئر

software

ٹیلی فون

telephone

پلگ ساکٹ

plug socket

فیکس مشین

fax machine

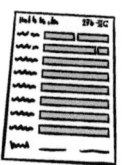

فارم

form

دستاویز

document

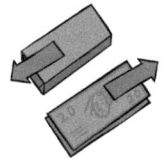

خریدنا
....
buy

ادائیگی کرنا
....
pay

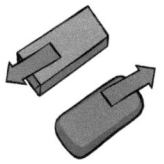

تجارت کرنا
....
trade

رقم
....
money

ڈالر
....
dollar

یورو
....
euro

ین
....
yen

روبل
....
rouble

سوئس فرانک
....
Swiss franc

رینمنبی یوآن
....
renminbi yuan

روپیہ
....
rupee

کیش پوائنٹ
....
cash point

رقم تبدیل کرانے کیلئے دفتر
....
currency exchange office

سونا
....
gold

چاندی
....
silver

خام تیل
....
oil

توانائی
....
energy

قیمت
....
price

معاہدہ
....
contract

ٹیکس
....
tax

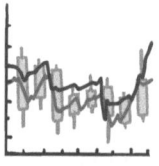

اسٹاک
....
stock

کام کرنا
....
work

ملازم
....
employee

آجر
....
employer

فیکٹری
....
factory

دکان
....
shop

پولیس افسر
police officer
فائرمین
fireman
خانساماں، کُک
cook
ڈاکٹر
doctor
پائلٹ
pilot

مالی
....
gardener

ترکھان
....
carpenter

درزن
....
seamstress

جج
....
judge

کیمسٹ
....
chemist

اداکار
....
actor

بس ڈرائیور

bus driver

ٹیکسی ڈرائیور

taxi driver

مچھیرا

fisherman

صفائی کرنےوالی عورت

cleaning lady

چھت بنانےوالا

roofer

ویٹر

waiter

شکاری

hunter

پینٹر

painter

بیکر

baker

الیکٹریشین

electrician

بلڈر

builder

انجینئیر

engineer

قصائی

butcher

پلمبر

plumber

ڈاکیا

postman

سپاہی
....
soldier

آرکیٹیکٹ
....
architect

کیشئیر
....
cashier

پھول بیچنے والا
....
florist

نائی
....
hairdresser

کنڈکٹر
....
conductor

مکینک
....
mechanic

کپتان
....
captain

ڈینٹسٹ
....
dentist

سائنسدان
....
scientist

یہودی عالم
....
rabbi

امام
....
imam

راہب
....
monk

پادری
....
pastor

اوزار
tools

پلائرز
pliers
ہتھوڑا
hammer
پیچ کس
screwdriver
ٹارچ
torch
رینچ
wrench

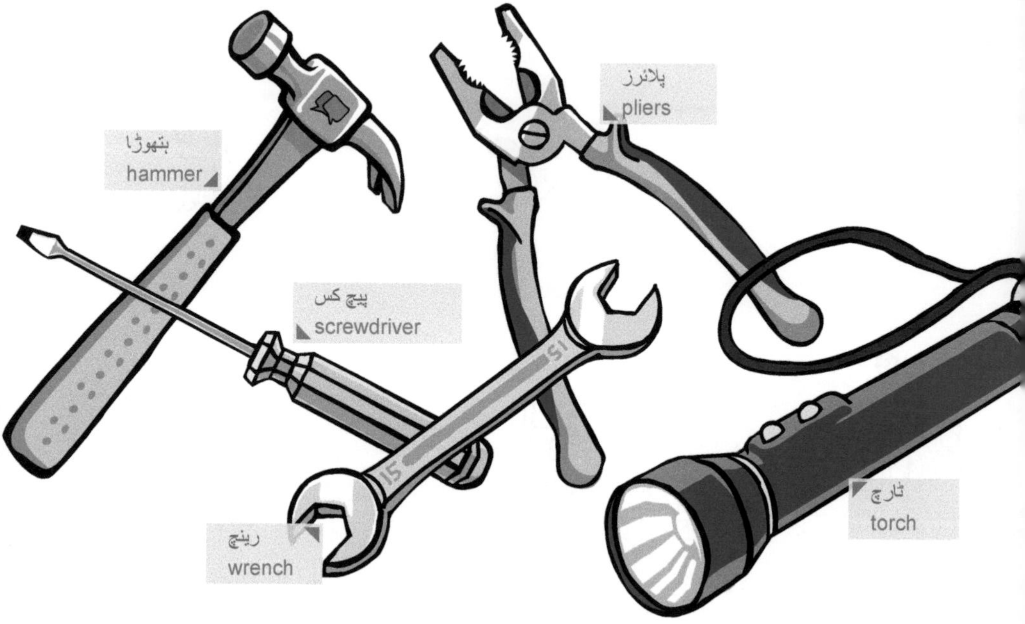

ایکسکویٹر

excavator

ٹول باکس

toolbox

سیڑھی

ladder

آری

saw

کیل

nails

ڈرل

drill

مرمت کرنا
repair

بیلچہ
shovel

لعنت ہو!
Damn!

ڈسٹ پین
dustpan

پینٹ پاٹ
paint can

پیچ
screws

آلات موسیقی
musical instruments

لاؤڈ اسپیکر
loud speaker

ڈرم سیٹ
drum set

ڈبل باس
double bass

بگل
trumpet

گٹار
guitar

پیانو

piano

وائلن

violin

موسیقی کی آواز

bass

ٹمپانی

timpani

ڈھول، ڈرمز

drums

کی بورڈ

keyboard

سیکسوفون

saxophone

بانسری

flute

مائیکروفون

microphone

چیتا
tiger

داخلے کا راستہ
entrance

پنجرہ
cage

زیبرا
zebra

جانوروں کا چارہ
animal feed

پانڈا
panda

جانور

animals

ہاتھی

elephant

کینگرو

kangaroo

گینڈا

rhino

گوریلا

gorilla

ریچھ

bear

اونٹ

....

camel

شُترمُرغ

....

ostrich

شیر

....

lion

بندر

....

monkey

فلیمنگو

....

flamingo

طوطا

....

parrot

قطبی ریچھ

....

polar bear

کبوتر

....

penguin

شارک

....

shark

مور

....

peacock

سانپ

....

snake

مگرمچھ

....

crocodile

چڑیا گھر کا محافظ

....

zookeeper

سیل

....

seal

امریکی تیندوا

....

jaguar

ٹٹو

pony

چیتا

leopard

دریائی گھوڑا

hippo

زرافہ

giraffe

عقاب

eagle

سؤر

boar

مچھلی

fish

کچھوا

turtle

سمندری گھوڑا

walrus

لومڑی

fox

غزال ہرن

gazelle

کھیلیں

sports

امریکن فٹ بال
American football
سائیکلنگ
cycling
ٹینس
tennis
باسکٹ بال
basketball
پیراکی
swimming
باکسنگ
boxing
آئس ہاکی
ice hockey

فٹ بال

soccer

بیڈمنٹن

badminton

اتھلیٹکس

athletics

ہینڈ بال

handball

اسکیئنگ

skiing

پولو

polo

سرگرمیاں
activities

laugh
چھلانگ لگ
mp
گلے لگانا
hug
چلنا
walk
گانا
sing
خواب دیکھنا
dream
دُعا کرنا
pray
چُومنا
kiss

لکھنا

write

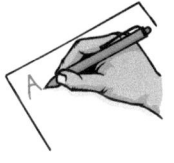

تصویرکشی کرنا

draw

دکھانا

show

آگےکی طرف دھکیلنا

push

دینا

give

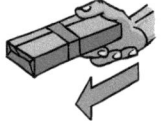

لینا

take

رکھنا

have

کرنا

do

ہونا

be

کھڑا ہونا

stand

دوڑنا

run

کھینچنا

pull

پھینکنا

throw

گرنا

fall

جھوٹ بولنا

lie

انتظار کرنا

wait

اٹھانا

carry

بیٹھنا

sit

ملبوس ہونا

get dressed

سونا

sleep

جاگنا

wake up

دیکھنا

look at

رونا

cry

چوٹ لگانا

stroke

کنگھی کرنا

comb

بات کرنا

talk

سمجھنا

understand

پوچھنا

ask

مُتوجہ ہونا

listen

پینا

drink

کھانا

eat

صاف کرنا

tidy up

پیارکرنا

love

پکانا

cook

گاڑی چلانا

drive

اُڑنا

fly

بحری سفر کرنا

sail

شمار کریں

calculate

پڑھنا

read

سیکھنا

learn

کام کرنا

work

شادی کرنا

marry

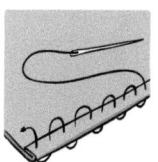

سینا

sew

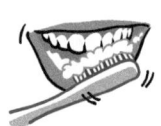

دانت صاف کرنا

brush teeth

جان سے مار دینا

kill

تمباکو نوشی کرنا

smoke

بھیجنا

send

خاندان
family

دادی
grandmother
دادا
grandfather
باپ
father
mother
طفل
baby
بیٹی
daughter
بیٹا
son

مہمان

guest

چچی

aunt

چچا

uncle

بھائی

brother

بہن

sister

جسم

body

ماتھا
forehead
آنکھ
eye
کندھا
shoulder
انگلی
finger
چہرہ
face
ٹھوڑی
chin
ہاتھ
hand
چھاتی
breast
ٹانگ
leg
بازو
arm

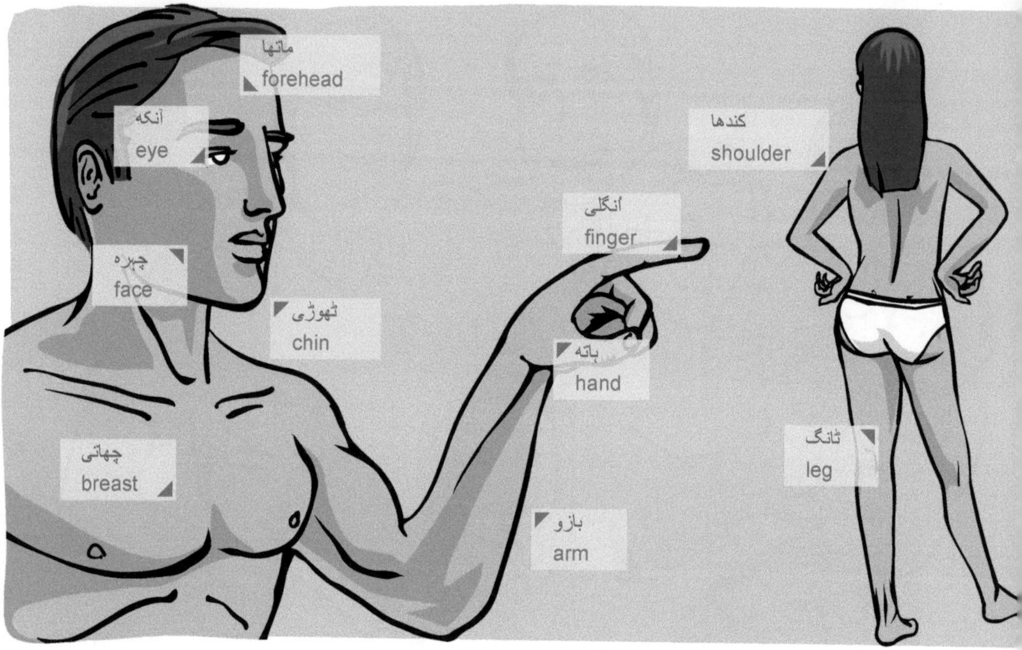

طفل

baby

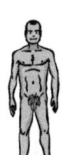

آدمی

man

عورت

woman

لڑکی

girl

لڑکا

boy

سر

head

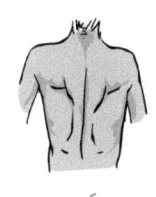

کمر

back

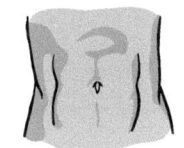

پیٹ

belly

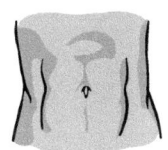

ناف

navel

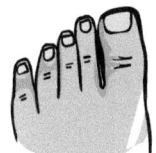

پاؤں کا انگوٹھا

toe

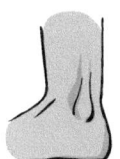

ایڑھی

heel

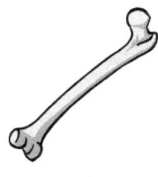

ہڈی

bone

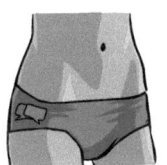

کولہا

hip

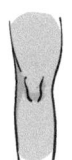

گھٹنا

knee

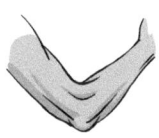

کہنی

elbow

ناک

nose

نچلا حصہ

buttocks

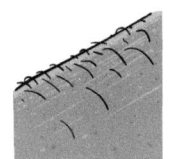

جلد

skin

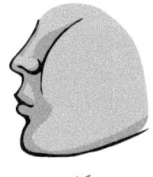

گال

cheek

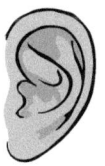

کار

ear

ہونٹ

lip

مُنہ

mouth

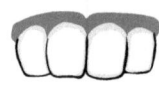

دانت

tooth

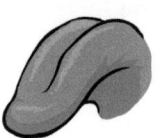

زُبان

tongue

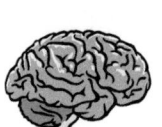

دماغ

brain

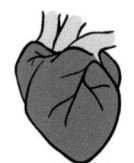

دل

heart

پٹھہ

muscle

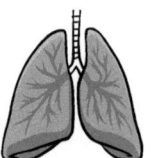

پھیپھڑا

lung

جگر

liver

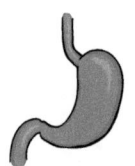

معدہ

stomach

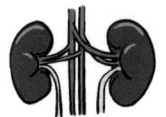

گردے

kidneys

جنس

sex

کنڈوم

condom

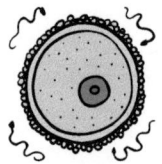

بیضہ

ovum

مادہ منویہ

semen

حمل

pregnancy

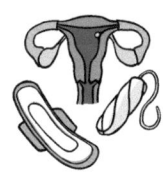

حيض

menstruation

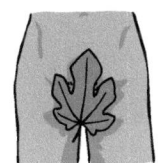

اندام نهانی

vagina

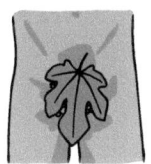

عضوتناسل

penis

بهنوين

eyebrow

بال

hair

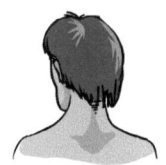

گردن

neck

ہسپتال

hospital

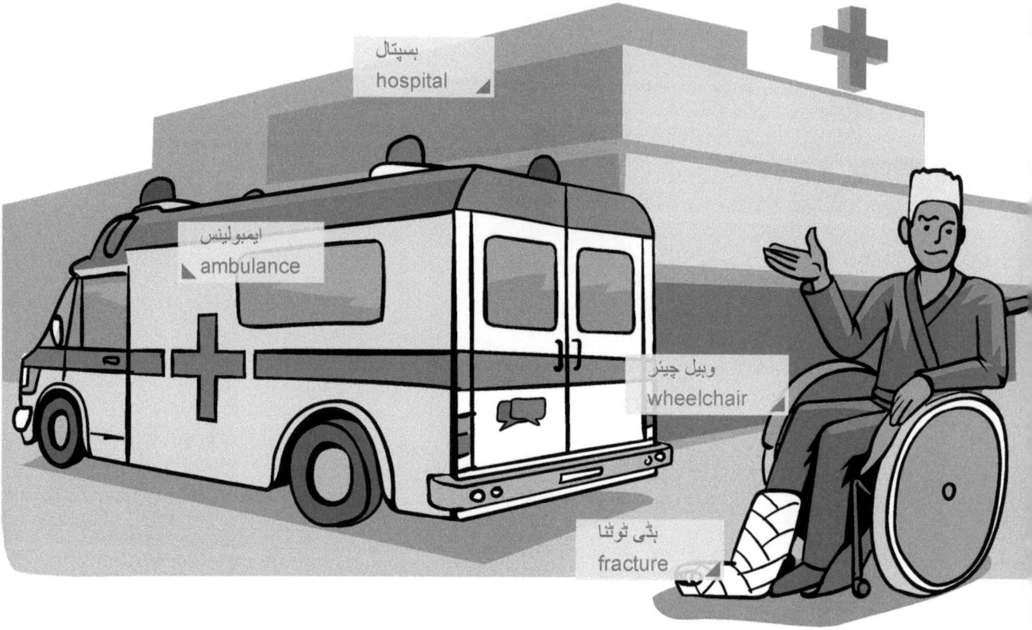

ایمبولینس
ambulance
وہیل چیئر
wheelchair
ہڈی ٹوٹنا
fracture

ڈاکٹر

doctor

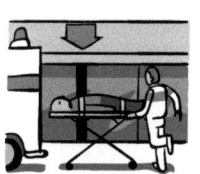

ہنگامی کمرہ

emergency room

نرس

nurse

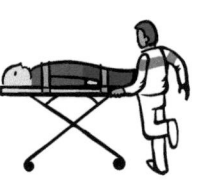

ہنگامی صورتحال

emergency

بےہوش

unconscious

درد

pain

زخم

injury

خون بہنا

bleeding

دل کا دورہ

heart attack

فالج

stroke

الرجی

allergy

کھانسی

cough

بخار

fever

زکام

flu

اسہال

diarrhea

سردرد

headache

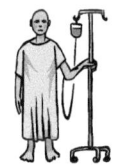

کینسر

cancer

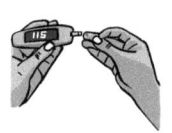

ذیابیطس

diabetes

سرجن

surgeon

نشتر

scalpel

آپریشن

operation

سی ٹی

CT

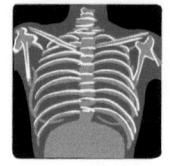

ایکس رے

x-ray

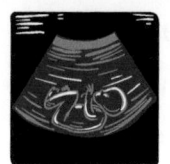

الٹراساؤنڈ

ultrasound

چہرے کا نقاب

face mask

بیماری

disease

انتظارگاہ

waiting room

بیساکھی

crutch

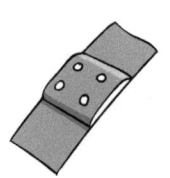

پلاسٹر

plaster

پٹی

bandage

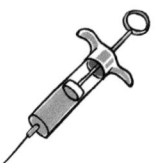

انجکشن

injection

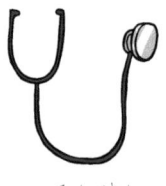

اسٹیتھواسکوپ

stethoscope

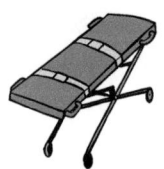

اسٹریچر

stretcher

مطبی تھرما میٹر

clinical thermometer

پیدائش

birth

حد سےزیادہ وزن

overweight

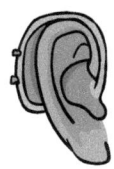

آلہ سماعت

hearing aid

جراثیم کش

disinfectant

انفیکشن

infection

وائرس

virus

ایچ آئی وی/ ایڈز

HIV / AIDS

دوا

medicine

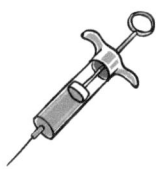

ویکسی نیشن

vaccination

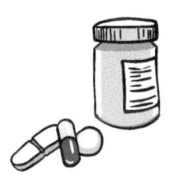

گولیاں

tablets

گولی

pill

ہنگامی کال

emergency call

بلڈ پریشرمانیٹر

blood pressure monitor

بیمار/ صحتمند

ill / healthy

ہنگامی صورتحال

emergency

مدد!

Help!

الارم

alarm

مُجرمانہ حملہ

assault

حملہ

attack

خطرہ

danger

ہنگامی راستہ

emergency exit

آگ!

Fire!

آگ بُجھانےوالہ آلہ

fire extinguisher

حادثہ

accident

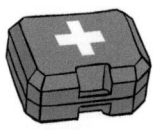

ابتدائی طبی امداد کی کٹ

first-aid kit

ایس او ایس

SOS

پولیس

police

زمین
earth

یورپ

Europe

شمالی امریکہ

North America

جنوبی امریکہ

South America

افریقہ

Africa

ایشیا

Asia

آسٹریلیا

Australia

بحراوقیانوس

Atlantic

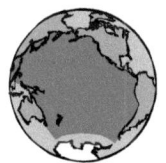

بحرالکاہل

Pacific

بحرہند

Indian Ocean

بحرقُطب جنوبی

Antarctic Ocean

بحرقُطب شمالی

Arctic Ocean

قُطب شمالی

North pole

قُطب جنوبی
....
South pole

انٹارکٹیکا
....
Antarctica

زمین
....
earth

زمین
....
land

سمندر
....
sea

جزیرہ
....
island

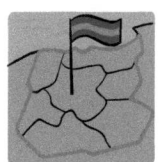

قوم
....
nation

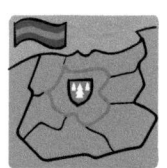

ریاست
....
state

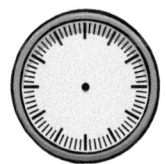

clock

کلاک کا سامنےکا حصہ

clock face

گھنٹوں والی سوئی

hour hand

منٹوں والی سوئی

minute hand

سیکنڈ ہینڈ

second hand

کیا وقت ہوا ہے؟

What time is it?

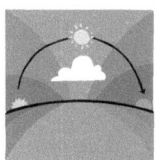

دن

day

وقت

time

اب

now

ڈیجیٹل گھڑی

digital watch

منٹ

minute

گھنٹہ

hour

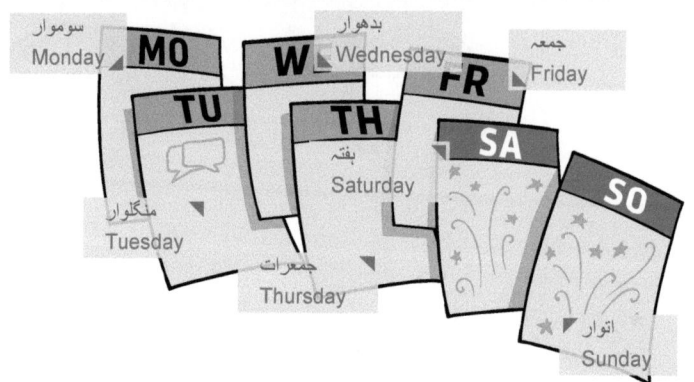

سوموار
Monday

بدھوار
Wednesday

جمعہ
Friday

منگلوار
Tuesday

ہفتہ
Saturday

جمعرات
Thursday

اتوار
Sunday

گزرا کل

yesterday

آج

today

کل

tomorrow

صبح

morning

دوپہر

noon

شام

evening

MO	TU	WE	TH	FR	SA	SU
1	2	3	4	5	6	7
8	9	10	11	12	13	14
15	16	17	18	19	20	21
22	23	24	25	26	27	28
29	30	31	1	2	3	4

کاروباری دن

workdays

MO	TU	WE	TH	FR	SA	SU
1	2	3	4	5	6	7
8	9	10	11	12	13	14
15	16	17	18	19	20	21
22	23	24	25	26	27	28
29	30	31	1	2	3	4

ہفتے کا اختتام

weekend

سال

year

قوس قزح
rainbow
بارش
rain
برف
snow
ہوا
wind
بہار
spring
خزاں
fall
موسم گرما
summer
موسم سرما
winter

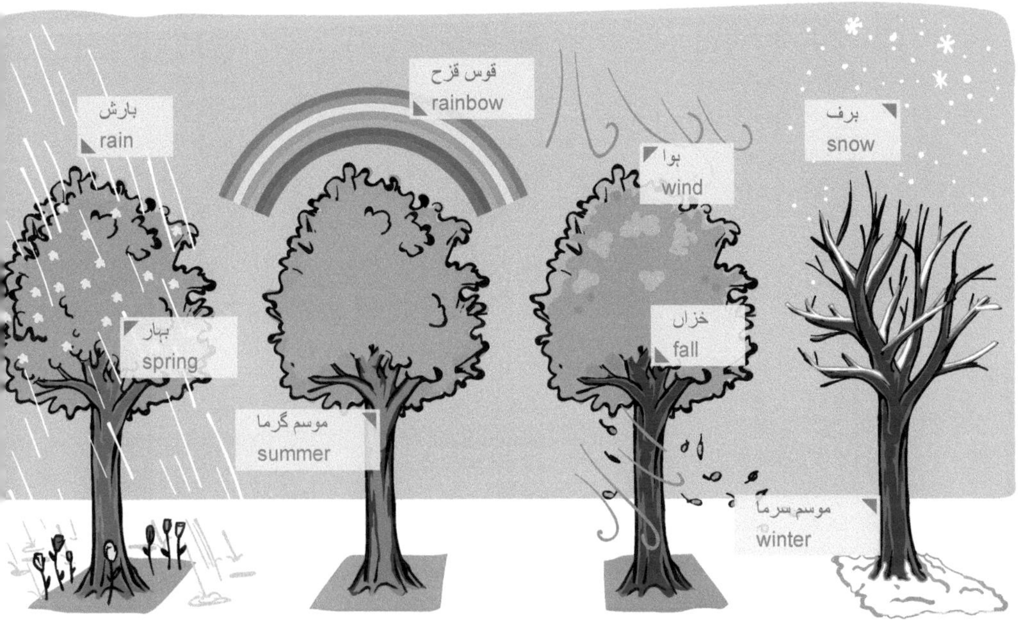

موسمی پیش گوئی

weather forecast

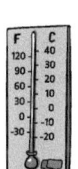

F

تھرما میٹر

thermometer

دھوپ

sunshine

بادل

cloud

دُھند

fog

حبس

humidity

بجلی کوندھنا
....
lightning

بادلوں کی گرج
....
thunder

طوفان
....
storm

ژالہ باری
....
hail

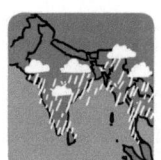

مون سون
....
monsoon

سیلاب
....
flood

برف
....
ice

جنوری
....
January

فروری
....
February

مارچ
....
March

اپریل
....
April

مئی
....
May

جون
....
June

جولائی
....
July

اگست
....
August

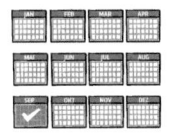

ستمبر
....
September

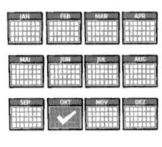

اكتوبر
....
October

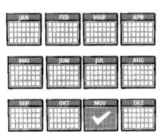

نومبر
....
November

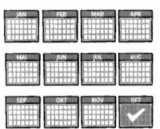

دسمبر
....
December

اشكال

shapes

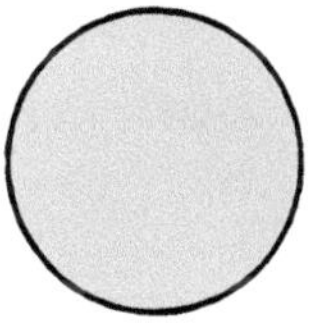

دائره
....
circle

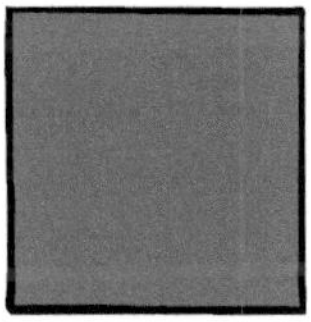

چوكور
....
square

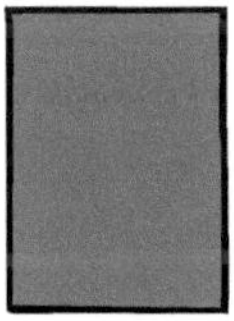

مُستطيل
....
rectangle

تكون
....
triangle

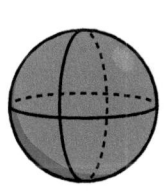

گره
....
sphere

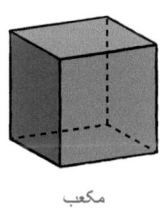

مكعب
....
cube

سفید

white

پیلا

yellow

نارنجی

orange

گلابی

pink

سُرخ

red

جامنی

purple

نیلا

blue

سبز

green

بھورا

brown

مٹیالا

gray

سیاہ

black

مخالف
opposites

بہت زیادہ / بہت کم

a lot / a little

ناراض / پُرسکون

angry / calm

خوبصورت / بدصورت

beautiful / ugly

آغاز / اختتام

beginning / end

بڑا / چھوٹا

big / small

روشن / اندھیرا

bright / dark

بھائی / بہن

brother / sister

صاف / گندا

clean / dirty

مکمل / نامکمل

complete / incomplete

دن / رات

day / night

زندہ / مُردہ

dead / alive

چوڑا / تنگ

wide / narrow

کھانے کے قابل ہونا / کھانے کے قابل نہ ہونا
....
edible / inedible

بُرا / اچھا
....
evil / kind

پُرجوش / بوریت کا شکار
....
excited / bored

موٹا / دُبلا
....
fat / thin

پہلا / آخری
....
first / last

دوست / دُشمن
....
friend / enemy

بھرا ہوا / خالی
....
full / empty

سخت / نرم
....
hard / soft

بوجھل / ہلکا
....
heavy / light

بھوک / پیاس
....
hunger / thirst

بیمار / صحتمند
....
ill / healthy

غیرقانونی / قانونی
....
illegal / legal

عقلمند / بیوقوف
....
intelligent / stupid

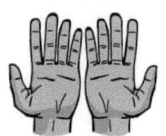

بائیں / دائیں
....
left / right

نزدیک / دور
....
near / far

نیا / پُرانا

new / used

کچھ نہیں / کچھ ہے

nothing / something

بوڑھا / نوجوان

old / young

آن / آف

on / off

کُھلا / بند

open / closed

خاموش / بُلند آواز

quiet / loud

امیر / غریب

rich / poor

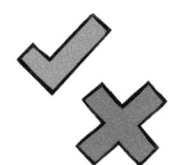

ٹھیک / غلط

right / wrong

کھُردرا / ہموار

rough / smooth

افسردہ / خوش

sad / happy

مُختصر / طویل

short / long

آہستہ / تیز

slow / fast

گیلا / خُشک

wet / dry

گرم / ٹھنڈا

warm / cool

جنگ / امن

war / peace

numbers

0	1	2
صفر	ایک	دو
zero	one	two
3	4	5
تین	چار	پانچ
three	four	five
6	7	8
چھ	سات	آٹھ
six	seven	eight
9	10	11
نو	دس	گیارہ
nine	ten	eleven

12

باره

twelve

13

تیره

thirteen

14

چوده

fourteen

15

پندره

fifteen

16

سولہ

sixteen

17

ستره

seventeen

18

اٹھاره

eighteen

19

أنیس

nineteen

20

بیس

twenty

100

سو

hundred

1.000

ہزار

thousand

1.000.000

دس لاکه

million

languages

انگریزی

English

امریکی انگریزی

American English

چینی مینڈارین

Chinese Mandarin

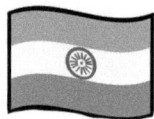

ہندی

Hindi

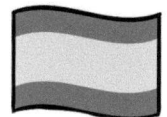

ہسپانوی

Spanish

فرانسیسی

French

عربی

Arabic

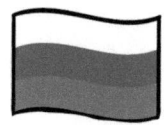

روسی

Russian

پُرتگالی

Portuguese

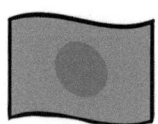

بنگالی

Bengali

جرمن

German

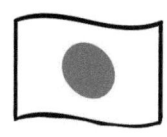

جاپانی

Japanese

کون / کیا / کیسے
who / what / how

میں

I

تم

you

وہ (لڑکا) / وہ (لڑکی) / یہ

he / she / it

ہم

we

تم

you

وہ

they

کون؟

who?

کیا؟

what?

کیسے؟

how?

کہاں؟

where?

کب؟

when?

نام

name

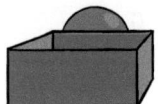

کہاں
where

پیچھے

behind

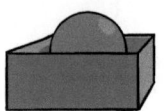

میں

in

کےسامنے

in front of

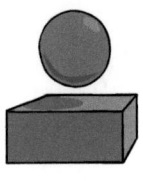

اوپر

over

پر

on

نیچے

under

ساتھ

beside

درمیان

between

جگہ

place